T0300772

The Hormone of Darkness

The Hormone of Darkness

A Playlist

Tilsa Otta

Translated from the Spanish by Farid Matuk

Graywolf Press

Published by Graywolf Press
212 Third Avenue North, Suite 485
Minneapolis, Minnesota 55401

www.graywolfpress.org

Published in the United States of America

ISBN 978-1-64445-313-1 (paperback)
ISBN 978-1-64445-314-8 (ebook)

2 4 6 8 9 7 5 3 1
First Graywolf Printing, 2024

Library of Congress Cataloging-in-Publication Data

Names: Otta, Tilsa, 1982– author. | Matuk, Farid, translator.
Title: The hormone of darkness : a playlist / Tilsa Otta ; translated from the Spanish by
    Farid Matuk.
Description: Minneapolis, Minnesota : Graywolf Press, 2024. | Poems published in this
    book have appeared or are forthcoming in the following collections and publications:
    mi niña veneno en el jardín de las baladas del recuerdo (2004), Indivisible (2007),
    Antimateria: Gran acelerador de poemas (2015), La vida ya superó la escritura (2018),
    Poetry magazine, and Guernica magazine.
Identifiers: LCCN 2024013427 (print) | LCCN 2024013428 (ebook) |
    ISBN 9781644453131 (trade paperback) | ISBN 9781644453148 (epub)
Subjects: LCSH: Otta, Tilsa, 1982-—Translations into English. | LCGFT: Poetry.
Classification: LCC PQ8498.425.T82 H67 2024 (print) | LCC PQ8498.425.T82 (ebook)
    | DDC 861/.7—dc23/eng/20240325
LC record available at https://lccn.loc.gov/2024013427
LC ebook record available at https://lccn.loc.gov/2024013428

Cover design: Crisis

Cover photo: Courtesy of the author

Contents

Tender Complicity: An Introduction

My encounter with Tilsa Otta's work begins with the translations of Honora Spicer and the publishing energy of Giancarlo Huapaya. Cardboard House Press, founded by Huapaya in 2014, has since become an important conduit for English language translations of risky twentieth- and twenty-first-century Latin American poetry. This body of work eases my own diasporic estrangement from my birthplace of Lima, Peru, giving me access to books curated by a sensibility that feels hemispheric. I mean that, despite regional and temporal particularities, Cardboard House Press's catalog attests to existing resonances among the Americas even as it lays the scaffolding for an even more dialogic and intimate and intentional hemispheric verse culture yet to come.

Cardboard House published *And Suddenly I Was Just Dancing* in 2023, a chapbook collecting Spicer's vibrant translations of select poems from two of Otta's recent books. Extending that energy, in *The Hormone of Darkness* I've curated "a playlist" from four of Otta's poetry collections, gathering work originally published in Spanish from 2004 to 2018. My hope is that this collection helps expand the scaffolding established by Cardboard House and by many other small presses committed to translation. My collaboration with Otta is dedicated to that hemispheric verse that will one day exceed the traditions of any one literature, the boundaries of any one nation, and the gatekeepers of any one publishing industry to realize the possibilities of reciprocity without occluding difference, desire without consumption.

Otta was born in Lima in 1982 to sociologist parents. Through her father, she enters a complex lineage that braids her Quechua-speaking indigenous grandmother and her Japanese grandfather. By fifteen she was reading and writing poetry. Her literary practice opened an interior space of reflection and interrogation, habits of

mind that would support her burgeoning queerness and eventual search for community outside of Peru's religiously conservative norms.

Since 2004 when her first poetry collection was published, Otta's poems have earned engagement by Peruvian literary commentators. Reviews of her recent work (2014, 2018) tend to characterize the arc of her practice as a movement from a complex irony toward poems that expand into a more mystically affirming mode. These more recent works have their own range, one that can veer confidently from the embodied and raucous to a meditative stillness that sinks into depths at once intensely private and intensely communal.

Otta has characterized her own place in contemporary Peruvian poetry by noting that she feels, "poetically speaking, a bit of an extraterrestrial." I share that sense of Otta's singularity (her blends—the cosmic with erotic, the critical with the fabulist—would be rare in any national literature) and the image of an astral traveler with which she figures herself tracks with the intergalactic themes that have been a constant throughout her work. But the astral and aesthetic arcs along which Otta and her reviewers plot her work have occurred across a particular backdrop.

Otta came of age during Alberto Fujimori's totalitarian regime, a regime that wrung Peru through a period of forced privatization and social repression that lasted from Fujimori's disbanding of congress in 1992 to the year 2000 when he fled to Japan to escape prosecution for bribery and corruption. Peru's troubles are no more of their own making than any other Latin American republic's whose resources are coveted by dominant economies and states, and Peru's totalitarian experience didn't begin or end with Fujimori. As I write this, Peru is in a new period of destabilization instigated, this time, by congress preemptively ousting a president who was on the verge of disbanding congress. The ensuing protests prompted a police response that has left, by some reports, at least fifty dead and counting.

Amidst cycles of naked power, fantasies of democracy recede. Poetry can respond, as Otta has said in a recent interview, by democratizing the possibility of the sacred for everything and everyone. The poems gathered in this playlist travel across a range of tonal and aesthetic heavens, but they ground themselves in the possibility of innocence as an illuminated state beyond received ideas of good and evil. That innocence is never naïve. On the contrary, the light in these poems emanates not from a celestial source but from the poems' unflinching proximity to life lived through all its modes. Among the arts of relation, proximity is a tricky one because it's so precisely technical. How to extend with the reach of one's appetites? How to hesitate leaving space enough for others' extensions? How to stay proximate enough that others will have something to extend toward? How to do all this

believing less in the selves that extend and hesitate and more in the weave these gestures make together?

If these questions animate the metaphysics of Otta's poems, they also frame those poems' translation. On the one hand, certain moments of intense musicality invite the translation to reach for maximal proximity (appropriate for a body of work that affirms the club as a site of liberation). The poem "The hormone of darkness" includes the line "Sobre las alcantarillas con el mohín crítico de bebé en cítricos" in which the majority of syllables play a steady backing track to the alliterative slaps of the dactyls "crítico" and "cítricos." The translation answers those dactyls by constellating the trochees "grimace" and "citrus": "Over the sewers with a chiding grimace of a baby on citrus." Similarly, in the love poem of norm-busting urgency, "Definitive animal," "Susurra distancia en un viento al oído / Encarna sustancia de dios en colmillos" becomes "Whisper a distance on the wind in their ear / In your fangs let a godly gleam inhere." Inverting the syntax of the couplet's last line allows me to preserve the end rhyme, though I lose the internal rhymes that bind the couplet's two lines as viscerally as the tendons of the animal's jaws. In these instances, the work of translation could extend, following its appetite for all the richness of the original, while allowing room enough for difference to remain part of the composition.

However, the vast majority of the work called for hesitation, for space enough to turn in the tender light of each poem's first instance. I thought I was reading, for example, a defiant entitlement to pleasure and excess in "The hormone of darkness," a desire that would compel an almost oppositional stance to the "Pagan gods" who "gave us life" so that one English translation adequate to such a diffident tone would have been to add an ironic instance of the word "thanks": "Pagan gods / Gave us life, but thanks, we'll take more." Otta explained "es que a quien se refiere la voz en el poema es a alguien querido, a quien le dice 'no nos olvides,' con complicidad / the voice in the poem addresses itself to a beloved, someone to whom it says 'don't forget us,' with complicity." Cultivating that tender love and complicity is how Otta practices the art of relational proximity, and it is one of the principal experiences her verse offers.

But if we understand poetry as something that offers experiences, who is this stable and attentive reader poised to receive them? I've come to think that Otta creates poetry that doubles down on nothing less than a life force that precedes and exceeds received notions of a stable, self-contained reader and of the literary as such. This might account for the title of her collection, *La vida ya superó a la literatura / Life Has Already Surpassed Writing*. The books we make and love are necessary

archives and portals into deeply personal engagements with the entanglements of language, affect, intelligence, and imagination. But maybe authors like Otta make books that point *beyond* books; they point, as Otta has said, to the fact that "life and poetry have a relation so intimate that neither the academy, nor the canon, nor literary traditions can regulate its terms and conditions. Everything that registers in life filters down into poetry." Or, as her poem "El sol se estacionó / The sun parked" says,

Dije todo lo que dije
tal y como lo sentí
pero tan distinto
Ese tiempo fue una serpiente enmarañándose
        sobre mi piel
Y ya no pude contenerme

I said everything I said
just as I felt it
but so different
That time was a snake twisting
   over my skin
And I couldn't contain myself anymore

Farid Matuk
Tucson, AZ
November 2023

The Hormone of Darkness

1

Millones de ladrillos (compañía constructora)

Pronunciando una palabra que comienza y termina con T, con el cabello ardiente de rocío y verdadero, los oídos petrificándose con una canción lenta que provenía de mí. Pensaba que la vida comenzaba y terminaba con "t", que lo único que la hacía reír eran los carnavales donde se suscitaban añoranzas extrañas y dios medía con una regla el paraíso y lo empapelaba con nuestros rostros que no se despegaban jamás.

Había un barco que no podía soportar porque sus turbinas pronunciaban palabras que no comenzaban nunca, y humeantes clamaban: por la rendija de tu ventana me echaré sobre tu cama, regándome como flores. Y brillando por siempre. Con una rosa blanca tatuada en el invierno, encogiéndose y gimiendo de placer por considerar que una verdad fue descubierta desde que pronunció te amo con bondad, regándose en la sociedad dócilmente, gritando cosas malas; que califico como malas porque alguna vez alguien mencionó que hay ciertas palabras con las que no hay que sujetarse el cabello.

Yo no era una niña desde el momento en que tú eras un superhéroe. Gestioné todo mi Amor desde que rompiste las reglas con las que dios medía mi habitación y me arrastraste por el suelo dándome a conocer una mejor calidad de vida, vistosa a todas luces, clavada en mi inocencia ilusa que salivaba con demencia. Sólo atinaba a presenciar episodios que nunca comenzaban, suspirando el fin del mundo que abría grietas profundas entre las comunidades indias que eran mis ambiciones, alimentadas de heno, subidas de peso, medidas por dios como una pirámide por construir.

Un paisaje sin retorno, para hacer el Amor como estrellas porno iluminadas de sensaciones que sólo pueden significar Fantasía. Estimulando tu estrella que nunca se apaga. Los niños que han visto ese astro lo aprecian como a un lobo feroz y saben desde la caída que el cielo es el cuerpo agotado de todos los amantes.

Mi aspiración máxima, aunque a nadie interese, era cortar mis cadenas con el alicate de tu boca angulosa y despedirme ya de aquellas reglas de los padres con las que dios golpeaba las manos de los obreros hasta partirlas en millones de ladrillos.

Edifiqué todo mi Amor con palabras que no comenzaban nunca, como "Amor".

¿Recuerdas cuando empeñaste tu primer beso en una casa de antigüedades y cuando volviste a recogerlo años después era un autoservicio? Esto es como eso. El bus me ha dejado un poco tonta y mientras espero, las vacas mueven la cola

Millions of bricks (Construction Company)

Pronouncing a word that begins and ends with T, with real, dew-glowing hair, with ears hardening to a slow song coming from me. I thought life began and ended with "t," and that the only thing to make her laugh were carnivals that aroused strange longings and where god measured paradise with a ruler and papered it with our faces that would never peel off.

There was a ship I couldn't stand because its turbines uttered words that never really began and, steaming, cried out: through the crack of your window I'll lie on your bed, scattering myself like flowers. And shining forever. With a white rose tattooed in the winter, shrinking and moaning with pleasure thinking that a truth was discovered in gently saying, I love you, going genially out in public, shouting bad things, which I know are bad because someone once said there are certain words you just don't use to hold your hair up.

I stopped being a girl the moment you became a superhero. I disbursed all my Love when you broke the rulers god used to measure my room and you dragged me across the floor making me taste a better quality of life, resplendent by all accounts, stuck in my deluded innocence, drooling with dementia. I only managed to witness episodes that never began, sighing for the end of the world that opened deep cracks between the Indian communities that were my ambition, fed hay, fattened up, measured by god like a pyramid to be built.

A landscape of no return, to make Love like porn stars lit by sensations that can only mean Fantasy. Arousing your star that never fully fades. The children who've seen that celestial body understand it's a wild wolf and have known since the fall of man that the sky's the exhausted body of all lovers.

My highest aspiration, even if no one cares, was to cut my chains with the pliers of your angular mouth and finally get away from any parents' rulers, the kind god used to strike the hands of the workers until they broke into millions of bricks.

I built all my Love with words that never began, like "Love."

Remember when you pawned your first kiss at an antique store and when you came back to pick it up years later it was a drive-thru? This is like that. The bus has left me a bit silly and while I wait, the cows wag their tails weaving flies that will die so soon. Yes, it's Love that I feel. I doubted it for a long time, god's rules would not be enough to measure time. Until I asked the postman, and he told me that it was Love and to shut up, that I was worse than a dog. And when I

tejiendo moscas que morirán tan pronto. Sí, es Amor lo que siento. Lo dudé largamente, las reglas de dios no alcanzarían para medir el tiempo. Hasta que le pregunté al cartero y me dijo que era Amor y que me calle, que era peor que un perro. Y cuando corrí tras él era la felicidad en persona. Lo siento. Déjame ya, sabes que no puedo terminar con esto. Es algo que me hace sentir profundamente rosa blanca en el smoking negro de la ciudad y en mis sueños hay templos sin fieles que cantan canciones que no comienzan jamás.

ran after him, I was happiness embodied. I'm sorry. Let me go, you know I can't end this. Something makes me feel deeply like a white rose in the city's black tuxedo and in my dreams there are temples without believers singing songs that never begin.

¿Cuando la piedra sonríe su tristeza es real?
¿El amor fue probado en animales primero?
Respiración invadiendo el invernadero
flores arrancadas de tus manos por el suelo
pero eso no es lo que importa

When the stone smiles, is its sadness real?
Was love tested on animals first?
Breath invading the greenhouse
the ground tearing flowers from your hands
but that's not what matters

Recuerdas que prometieron enseñártelo todo
Abriste los brazos
Los cuerpos cayeron
Los pusiste alrededor
Formando un cerco
El tiempo pasó
Y esa era la ciudad

Remember they promised to show you everything
You opened your arms
The bodies fell
You arranged them all around you
To make a fence
Time passed
And that was the city

me gustaría averiguar
cómo entraste a mi casa-
corazón,
porque no tiene puertas ni ventanas,
de casa sólo tiene
las luces apagadas.
me pregunto cómo tú.
y mientras más pienso en ello
menos entiendo otras cosas.

i'd like to figure out
how you got into my house-
heart,
as it has neither doors nor windows,
the only homey
thing about it is
that the lights are off.
i ask *why you*.
and the more I think of it
the less I understand anything.

Alegría de vivir

Es tan relajante esta posición
Mirando al infinito a los ojos
Sin pestañear
Que se presenta el manto eléctrico
Donde la noche samplea luces del sol
Melodías del cuerpo al estirarse
Personas riendo sin razón
Un selfi intermitente de momentos imposibles
Y su continuación lógica
El perreo inconsútil que transparenta nuestras ánimas
Resueltas en una insólita ecuación
La nueva ola otra vez
Y el tsunami que acabará con la música lenta
Al fin
A él nos debemos en un principio
(Disfruta los días cortos si no te alcanza para pagar los largos)
Hay fiestas de cumpleaños en los vecinos
Dedos congelados en palabras increíbles
Olor artificial de lluvia
Realismo mágico en los dispositivos electrónicos
Desesperada de marta sánchez en todo el barrio
Belleza natural en la euforia de vivir
Más cosas que no diré
Me pregunto qué harían las flores si trabajaran
En qué áreas podrían desempeñarse
Porque son mi modelo a seguir mi referencia más cercana
Estoy pensando en dormir siempre
Porque la alegría de vivir satura los colores y mis ojos
Se desgastan, palidecen, se desgañitan
Y vomitan
Del cielo cae una gota de agua ácida
Mientras este mundo loco de triste es mi patio de juegos

Joy of living

This position—looking
Straight into the eyes of infinity
Without blinking is so relaxing
It reveals the electric mantle
Where night samples sunlight
The melodies of the body as it stretches
People laughing for no reason
An intermittent selfie of impossible moments
And its logical extension
The seamless perreo that clarifies our souls
Solved by a single freak equation
The new wave once again
And the tsunami that will do away with slow songs
An end
To which we owe ourselves from the beginning
(Enjoy the short days if you can't afford the long ones)
There are birthday parties at the neighbors'
Frozen fingers on amazing words
The campy smell of rain
Magical realism in electronic devices
"Desperate" by Marta Sánchez playing all over the neighborhood
Natural beauty in the high of living
More things I won't say
I wonder what flowers would do if they had jobs
In which sectors could they labor?
Because they are my role model my closest reference
I'm thinking of sleeping forever
Because the joy of living saturates the colors and my eyes
They wear out, they fade, they shriek
And they vomit
From the sky a drop of acid rain falls
While this crazy sad world is my playground

La lectura veloz no funciona con las rosas
Porque sus pupilas se dilatan por amor
Presiono contra mi cuerpo la luz que incide sobre ellas
y escojo las frutas, las más suaves, las que están para hoy
Abandono a mis amigos en la noche
Contemplo la montaña y desprende un gemido
Miro a través de la ventana y lanza un aullido
Soy un sol que nunca se oculta en un mar que nunca regresa
No encuentro calma en estar viva

Speed reading doesn't work with roses
Because their pupils dilate for love
I press the light that falls on them against my body
and I pick the fruits, the softest, the ones meant for today
I abandon my friends at night
I look at the mountain and it gives off a moan
I look through the window and it howls
I'm a sun that never sets in a sea that never returns
I don't find calm in being alive

La muerte es una niña que cura con las manos,
un toque basta.

Death is a girl who heals with her hands,
one touch is enough.

El plan de sábado por la noche de una niña scout

Lanzar lámparas de papel al cielo y desear
Desear
Cómo hacer
Cómo hacer linternas flotantes de rapunzel
Con un pie fuera de la ciudad
Aprendiendo a reanimar a los muertos
A doblegar los más intrincados nudos para liberar a los esclavos
Espuma de labial negro y brea en el suelo descalzo
Fin de semana en la playa
Aprendizajes profundos que forman
Ciudadanos comprometidos y atentos
A cualquier descuido de la naturaleza
Cualquier venganza del tiempo
Amables socorristas tantas veces burlados
Por sus pares mientras beben en parques
Fingiendo que mueren poco a poco
Elevándose y perdiéndose juntos
Como linternas flotantes

A girl scout's Saturday night plan

To toss paper lanterns into the sky and wish
To wish
How to make
How to make Rapunzel-style floating lanterns
With one foot out of the city
Learning to reanimate the dead
To undo the most intricate knots to free the slaves
Dark labial foam and tar on the barefoot floor
Weekend at the beach
Exhaustive lessons that train
Citizens who are committed and attuned
To any mishandling of nature
Any revenge of time
Good Samaritans so often mocked
By their peers while drinking in parks
Pretending to die little by little
Levitating and losing themselves together
Like floating lanterns

Estoy haciendo amistad con un hoyo negro
y lo veo cada tarde,
pero en el fondo no lo quiero
y no sé a dónde va a llevarme.
Prométeme que los días no serán más largos,
y te creeré.
Te recibo,
tu mirar es remedio.
Repito la pregunta:
¿me recibirán ahora en el cielo?

I'm making friends with a black hole
and I see him every afternoon
but deep down I don't love him
and I don't know where he's going to take me.
Promise me the days won't be longer
and I'll believe you.
I take you in,
your gaze is medicine.
I'll repeat the question:
now will they receive me in heaven?

El nuevo cielo

Este poema es un cielo
Para que puedan vivir Aquí después de morir
Con todo mi cariño
Si son ateos y no saben a dónde ir
Si son cristianos y los estafaron con su terreno
Si viven al día y no hicieron ningún arreglo
Regresen Aquí
Aquí conocerán a sus bisabuelos
Celebrarán reencuentro con todos sus perros
Además, encontrarán a los famosos que les gustan en su mejor momento en el
    plano físico
Aquí Marc Bolan es amigo de Mónica Santa María y cantan canciones infantiles
Con la niña de *El aro* que es linda y dulce
Porque encontró al fin el lugar idóneo para descansar en paz
A Carl Sagan le gusta pasar la tarde sentado
Observando a Madame Blavatsky
Lord Byron trata de seducirlos siempre
Lxs desconocidxs como nosotrxs somos felices también
Hay puestos de snacks atendidos por niños
Porque Aquí no es mal visto que trabajen
Y no tienen que ir a la escuela
Los menores están contentos trabajando
Incluso la niña de *El aro*
Como ya se mencionó
Su nombre es Samara, vende cigarrillos y mezcal
La Dama de Cao se sigue tatuando y tatúa también a otros
El soldado desconocido hace bailes exóticos a veces
Se quita hasta la última prenda y es gratis de ver
El cielo es celeste por lo general
Solo descansa un día a la semana
Entonces lo cubre otro color
El que se ofrezca de forma voluntaria
Aquí nadie está obligado a nada
Este cielo que diseñé para ustedes con ayuda de los mejores urbanistas es risueño
También puse un dios por si las moscas

The new heaven

With all my love
This poem is a heaven
So you can live Here when you die
If you're atheists and don't know where to go
If you're Christians cheated out of your land
If you live day-by-day and didn't make arrangements
Come back Here
You'll get to know your great grandparents Here
All of your dogs will celebrate your homecoming
You'll even find the celebrities you followed when they were at their peak on the
    material plane
Here Marc Bolan is friends with Mónica Santa María and they sing kids' songs
With the girl from *The Ring* who is beautiful and sweet
Because she finally found the right spot to rest in peace
Carl Sagan likes to spend afternoons sitting
Just looking at Madame Blavatsky
Lord Byron is forever trying to seduce them
We nobodies are happy too
There are snack stands run by kids
Because Here if they work it's not a big deal
And they don't have to go to school
So minors are happy working
Even the girl from *The Ring*
Like I've said
Her name is Samara, she sells cigarettes and mezcal
The Lady of Cao keeps tattooing herself and she tattoos others too
The Unknown Soldier does exotic dancing sometimes
Stripping down to the last thread and watching is free
This heaven is mostly sky blue
Which takes off only one day a week
When another color can volunteer
Here no one is forced into anything
This heaven that I designed for you with the help of the finest urban planners
    is radiant
Just in case

En un lugar discreto

Para que jueguen a encontrarlo

En este simulacro de eternidad de sesenta y cuatro líneas abiertas para todxs sin
distinción

Selena busca a dios en los detalles

Frankie Ruiz y Amy Winehouse en las drogas duras

Severo Sarduy, el verdadero Paul McCartney, Eduardo Chirinos, la oveja Dolly,
Baba Vanga

De pronto todos los muertos se han puesto a buscarlo y se ha producido un
silencio que en el hemisferio terrenal es puro vaporwave

Están como locos revolviendo el diseño

Como si hubiera un premio

Pero si ya estamos en el cielo

Y dale con eso!

No valoran mi trabajo me resiento

Al menos lo notan y me abrazan me dan besos

Ya todo está bien ya estoy bien ya estoy bien!

Vamos juntxs a enchular este buen cielo nuestro

Vamos a agregar unos cuantos cíclopes por aquí y caballitos de mar

Luces de navidad una gran piscina de agua de pepino con limón

Tiendas de accesorios para nudistas

Perros peludos que se desempeñan como nubes rápidas

Barcos lejanos que avanzan en nuestra dirección

Y así podemos seguir por siempre

Construyendo el paraíso con nuestros caprichos

Con nuestros fetiches nuestros amores nuestros vicios

Qué suerte

Los esperamos entonces

No tarden mucho

Separen la página

Aquí estaremos

I also tucked a god somewhere discreet
So y'all can play at finding it
In this sixty-four-line simulacrum of eternity open to all without exception
Selena looks for god in the details
Frankie Ruiz and Amy Winehouse through hard drugs
Severo Sarduy, the real Paul McCartney, Eduardo Chirinos, Dolly the sheep,
    Baba Vanga
Suddenly all the dead have started looking for god and it's created a silence on the
    terrestrial plane that's total vaporwave
They're in a frenzy going over the design
Like there's a prize to find
And though we're already in heaven
They're still at it!
They don't value my work I resent it
At least they acknowledge it they hug me they give me kisses
Now everything's okay I'm good I'm good!
Together we'll pimp out this good heaven of ours
We'll add some cyclops over here and some little seahorses
Christmas lights a grand pool of cucumber and lemon water
Accessory shops for nudists
Fluffy dogs that serve as quick clouds
Distant ships advancing toward us
We can go on like that forever
Building paradise from our urges
Out of our fetishes our loves our vices
How lucky
We'll wait for you then
Don't be too long
Bookmark the page
We'll be Here

Sortear

un nacimiento preside la elección
de una órbita para traspasar los días.
al cementerio espacial acuden niños y niñeras
solidarios traen metal
para la sumergida en tránsito,
un poco tarde arriba otro grupo de visitantes
que disimula su corazón.
la lluvia resulta de esto.

Dodge

a birth precedes the choice
of an orbit that will cross the days.
children and nannies come to the space cemetery
comrades bring metal
for the one immersed in transit,
another group of visitors arrives a little late,
hiding their hearts.
this makes the rain.

Vi una manada de sapos mirándose entre ellos
Discutiendo insectos en el cauce de mi reflejo
No fue romántico
Los trajes blancos apilados sobre el lago
Y una insignia dorada como el zancudo
Que distingue la sangre azul
De una sustancia babosa
Deslizándose por las salinas rocosas
Del istmo nevado de acapulco
Fue mi más triste recuerdo
Estaba hecha pedazos
Me sentía grecorromana
Una brisa hermafrodita agitaba las faldas
De las sombras del estacionamiento
Un olor a aceite me alejó de la escena
Y entré al cine negro
Encendí un cigarrillo
La primera luz se encendió y por ley
Me echaron de este mundo

I saw a herd of toads in the gully of my reflection
Staring at each other arguing over insects
It wasn't romantic
White suits folded on the lake
And a gold medal gleaming like the mosquito
That can distinguish blue blood
From slime
Sliding down the rocky salt flats
Of Acapulco's snowy isthmus
It was my saddest memory
I was in pieces
I was feeling Greco-Roman
A hermaphroditic breeze fluttered the skirts
Of parking lot shadows
An oil smell took me out of the scene
And I entered the dark cinema
I lit a cigarette
The first light came on and by law
They kicked me out of this world

Cuando oí por primera vez que la mujer es un objeto
yo profesaba un amor por los objetos a prueba de balas
mis juguetes eran todo y eran míos
tus juguetes no eran todo pero también eran míos
las muñecas, la tele, las zapatillas, las carteras, las historietas, los stickers, el jabón,
las bicicletas, las pulseras, la funda rosada y bordada de mi almohada de plumas
objetos andando por la calle, dejando un sendero de baba de hombre como
    caracoles disolviendo
la noche
objetos admirables en los anuncios comerciales
objetos esperando en las esquinas con ropa ligera
las contemplaba, las pedía de regalo pero nunca me las daban
me relamía por dentro, me chupaba los dedos
iba directo al infierno por la contundencia de mi pasión objetiva
"Cuando crezca
    —soñaba despierta durante los comerciales de las telenovelas diurnas—
seré un objeto con accesorios brillantes, seré el modelo más costoso y deseado
quiero que me compren y me usen
y después me dejen tirada, consumida
reemplazada por el último grito de la moda
terminar mi vida útil en el momento justo
con la cabeza en alto, unida al cuerpo por un hilo brillante de sangre elástica, plástica
satisfecha de haber sido una mujer"

When I first heard that woman is an object
I professed a bulletproof love for objects
my toys were everything and they were mine
your toys weren't everything and they were also mine
dolls, TV, sneakers, purses, comic strips, stickers, soap, bicycles, bangles, my down
pillow in its pink embroidered sham
objects cruising the street, trailing man drool like snails dissolving
the night
coveted objects in ads
objects waiting on the corner barely clothed
I obsessed about them, I'd ask for them as gifts but I never got them
I'd lick my lips from inside, I'd suck my own fingers
I'd go straight to hell just off the force of my objective passion
"When I grow up
—I'd daydream during commercial breaks on the soap operas—
I'll be an object with the flashiest bling, I'll be the premium model everyone wants
I want them to buy me and use me
then toss me aside, consumed
replaced by fashion's latest scream
finish my useful life at just the right time
with my head held high, attached to my body by a brilliant thread of blood—
    elastic, plastic
satisfied with having been a woman"

Caribe

Todos los días extraño a mi novia
Cuando murieron sus perritas me contó por chat y me puse a llorar
Quería estar con ella y consolarla
Darle besos mientras le quito la ropa y resuelvo todo
Quisiera tener un perrito
Parecido a un hogar
Debo conseguir una mínima estabilidad
Caminar sobre la tierra para comenzar
Adivina en qué estoy pensando
....
Pienso en establecerme
Pienso en el Caribe
Un perrito a contraluz sacudiéndose fuerte
Salpicando en un milagro el mar transparente
Mi novia en la orilla leyendo teoría del arte en bikini
Con gafas oscuras y muy pensativa
Sería un comercial de tv sin motivo
Una vida tan perfecta como un anuncio publicitario
Censurado y jamás emitido
No puedo creer estar enferma
Preferiría estar muy drogada
Penetrando los misterios del universo
O con los chicos de Tinder
Moisés, Antonio, Javier
Comiendo helado de baobab
Extrañándola
Pensando dónde establecernos
Cómo será el rostro de nuestro perro
Si todavía querrá ser mi novia en el Caribe
Después de todo esto

Caribbean

Every day I miss my girlfriend
When her tiny dogs died she told me over chat and I cried
I wanted to be with her and console her
Give her kisses as I take off her clothes and make everything better
I wish I had a little dog
To make things feel homey
I should figure out some basic stability
Walk on earth, for starters
Guess what I'm thinking
....
I'm thinking of settling down
I'm thinking of the Caribbean
A little dog shaking itself dry against the light
Miraculously throwing off a whole transparent sea
My girl at the shore reading art theory in a bikini
So pensive behind the darkest shades
It could be a TV commercial with nothing to sell
A life as perfect as an ad
Censured and never released
I just can't believe I'm getting sick
I'd rather be really high
Penetrating the mysteries of the universe
Or with the Tinder boys
Moisés, Antonio, Javier
Eating baobab ice cream
Missing her
Wondering where we'll settle down
What our dog's face will look like
If she'll even want to be my girlfriend in the Caribbean
After all this

Cuando vuelas no puedes detenerte a pensar

Menos plástico en las botellas
Más fáciles de aplastar cuando te llenas de ira
En esos momentos puedes reciclarlo todo con tus propias manos
Suerte del mundo que puede contar contigo
Los anillos de Saturno le hacen a tus dedos
Eres todo poderoso cuando dices la verdad
Lxs diosxs usan altavoces
Porque algunos se resisten a escuchar
Se beben el agua y ya no tienen por donde caminar
La cuarta dimensión del deseo
Reproduce el viento en tus gestos
Esta noche se estrella contra los autos
Tengo sentimientos encontrados en ti
Los camiones de basura salen del cielo
Donde hay abismos iluminados en la promesa de verte
Partes de mí hasta que regresas
Almas en pena los días que nos separan
Pronto podrán descansar en paz y desvanecerse
El porvenir será un jardín de niños de flores de piedras
Las partículas de piel que cada día se desprenden del amor
Y en señales de humo ascienden
Ascienden
Poemas de amor
Posturas sexuales de los dioses
Coreografías que aprenden los planetas

When you fly you can't stop to think

Less plastic in bottles
Easier to crush when you're raging
In those moments you can recycle everything with your own hands
Lucky world that it can count on you
Saturn's rings suit your fingers
You're all-powerful when you tell the truth
The gods use megaphones
Because some refuse to listen
They drink the water and no longer have anywhere to walk
The fourth dimension of desire
Reproduces the wind in your gestures
This night crashes into the cars
I have feelings I found inside you
Garbage trucks come out of the sky
Where abysses are lit up by the promise of seeing you
You leave me until you come back
The days that separate us are lost souls
Soon they'll be able to rest in peace and fade away
The future will be a garden of children of flowers of stones
Of skin particles that every day slough off of love
And in smoke signals they ascend
Ascend
Love poems
Sexual positions of the gods
Choreographies the planets memorize

Cada día es un cerdo revolcándose en el fango
El principio físico del tango aplicado a la eternidad

Every day is a pig wallowing in the mud
The physical principle of tango applied to eternity

Esta vez pusieron la valla muy alta. Han liberado una cantidad de crueldad y horripilancia humana pocas veces vista. Contemplando el destrozo, la dimensión de los daños, siento la presión, como cuando el Hombre Araña tiene que sostener un autobús pendiente de un abismo lleno de inocentes con la telaraña de su muñeca izquierda mientras cuelga de la viga de un puente con la telaraña de su diestra, como cuando una mujer tiene que trabajar y al mismo tiempo ocuparse de sus hijos y su esposo, como cuando se requiere fuerza sobrehumana. Siento la presión en el corazón mientras comienzo a escribir y mis dedos cada vez más rápidos intentan resolver todo esto, contrarrestar tanto dolor con algún tipo de belleza exótica que nos haga sentir que aún hay especies hermosas por ser descubiertas, derrames de ríos que limpian el petróleo, apariciones cuyos resplandores cubren tantas desapariciones. Pensando una vez más que solo la poesía podría arreglar este desastre.

This time they raised the bar too high. They've released a mass of cruelty and human gruesomeness rarely seen. Facing the destruction, the vastness of the damage, I can feel the pressure, like when Spider-Man has to hold a bus full of innocents back from an abyss with the web on his left wrist while hanging from the beam of a bridge with the web of his right, as when a woman has to work while handling her children and husband, things that require superhuman strength. I feel this pressure in my heart as I start to write, and my fingers get faster and faster trying to resolve all this, counteracting so much pain with some kind of exotic beauty that might make us feel there're still wondrous species to be discovered, river spills that clean the oil, apparitions whose glow covers so many disappearances. Thinking once again only poetry could fix this mess.

La historia de un poema que llegado a cierto punto se repetía a sí mismo por partes pero no iguales algo pequeño cambiaba imperceptible haciendo perder el tiempo a todos los que leyeran la historia que se repetía a sí misma por partes pero no iguales el poema cambiaba algo pequeño haciendo imperceptible el tiempo a todos los que perdían la historia de cierto punto que llegado a sí mismo cambiaba por partes un poema que repetía el tiempo a los que leyeran algo pequeño haciendo a todos imperceptibles

The story of a poem that at a certain point repeated parts of itself but not the same way something small changed imperceptibly wasting the time of all who read the story which repeated itself in parts but not the same way the poem changed something small making time imperceptible to all those who lost the story that at the point of reaching itself would change a poem into parts that repeated time for those who could read the smallest things making all imperceptible

Para saber qué se siente (eucaristía)

Dios, ahora que la inocencia
es mi hipoteca,
y mi oblación
es sólido pecado puro
cuál es mi liquidez?
cuántos cuentos
en mi cuenta corriente?

To know how it feels (eucharist)

God, now that innocence
is my mortgage
and my oblation
is pure solid sin
what's my liquidity?
how many chronicles
in my checking account?

2

Los niños nacen llorando, pero después se les pasa. Por eso empezó La Consternación Profunda. Dani siempre estaba mal; los años pasaban. Los niños eran felices con la bicicleta que rueda, el árbol con ramas, chistes y colmos, la vida, los juegos. Y es que se les pasa.

Dani lloraba al despertar, entre comidas, en sueños. Sus ojos eran temperas brotando sin forma por los canales silenciosos de sus labios concentrados. Y frecuentes espasmos hacían vibrar su pequeño mentón con el mismo irritante ritmo de los latidos de un corazón agonizante.

Jamás pronunció una palabra. Quizás derretir un iceberg estrellado contra el mar era todo lo que quería decir y lo diría todo. Tratamientos, terapias . . . "¿Cómo hablar seriamente con un muchacho que llora sin cesar?", preguntaban sus padres con pesar. "¿Qué chucha tienes Dani?", gritábamos sus amigos.

Su padre se marchó de casa. Nadie podía con Dani. Su madre, al borde del colapso nervioso, evitaba verlo. Niñera tras niñera pasó por sus ojos.

La comunidad empezó a considerarlo un serio riesgo para nuestra estabilidad emocional, mal presagio, chico problema.

Todos fuimos a las reuniones donde el comité discutía en busca de una solución. Dani ya había crecido considerablemente. La reunión final tuvo lugar en la plaza de Quevedo.

Primero, Gilberto el gasfitero afirmó, en posición de azucarero, que era un típico caso de fuga de agua. Respuesta unánime del auditorio: Estúpido, francamente estúpido. Nuevamente la palabra suspendida y todas las manos intentando atraparla. Entonces creo que fue el doctor Vahinger quien sugirió que lo recluyéramos, y luego Federico, el encargado de la ferretería, agregó lo de la cisterna acondicionada herméticamente cerrada. Al principio dijimos, "Estás loco" y "Qué inhumano", pero Dani lloraba cada vez más y todos lo odiábamos porque no oía razones.

No se debía dar marcha atrás. A veinticinco minutos de la ciudad, junto a los campos de cebolla del señor Bedoya, sin mayor ceremonia, dispusieron la cisterna bajo un poste de alumbrado público.

Supuestamente sería un acto discreto, sin embargo alguien divulgó el día y el lugar, y esa noche todos nos amontonamos para presenciar el ingreso de Dani en su escondite perpetuo.

La cisterna había sido sofisticadamente diseñada de tal manera que nunca— y por ningún medio—pudiese ser abierta.

Dani lloraba, no opuso resistencia. Antes de empujarlo despectivamente hacia el interior y cerrar definitivamente la cisterna acondicionada, el delegado le dijo a

Children are born crying, but then they get past it. That's why the Deep Dismay began. Dani was always sick; the years passed. The children were happy with the bicycle that rolls, the tree with branches, jokes and highs, life, games. Because then it passes.

Dani cried when he woke up, between meals, in his dreams. His eyes were temperas gushing formlessly through the quiet canals of his pursed lips. And frequent spasms made his little chin vibrate with the same irritating rhythm of a dying heartbeat.

He never uttered a word. Maybe an iceberg melting as it crashes into the sea was all he wanted to say and that would say it all. Treatments, therapies . . . "How to talk seriously with a boy who's always crying?" asked his parents dolefully. "What the fuck is up with you, Dani?" we'd yell.

His father left home. Nobody could deal with Dani. His Mother, on the verge of a nervous breakdown, avoided him. Nanny after nanny passed before his eyes.

The community began to consider him a serious risk to our emotional stability, a bad omen, a problem child.

We all went to the meetings where the committee argued in search of solutions. Dani had already grown considerably. The final meeting took place in the Plaza de Quevedo.

First, Gilberto the plumber, arms akimbo, affirmed that it was a common case of water leakage. The unanimous response from the audience: Stupid, downright stupid. Again, the word hung in the air as did all the hands trying to grasp it. So, I think it was Doctor Vahinger who suggested that we confine him, and then Federico, the manager from the hardware store, added the bit about the hermetically sealed cistern. At first, we said, "You're crazy" and "How inhumane," but Dani cried more and everyone hated him because he didn't listen to reason.

There was no going back. Twenty-five minutes from the city, next to Mr. Bedoya's onion fields, without much ceremony, they positioned the cistern under a street light.

It was supposed to be a discreet act, but someone divulged the date and the location, and so that night we all huddled together to witness Dani's entrance into his eternal hiding place.

The cistern had been elegantly designed in such a way that at no time and by no means could it ever be opened.

Dani was crying, he didn't resist. Before contemptuously pushing him inside and definitively closing the customized cistern, the delegate said by way of

modo de despedida: "chiquillo llorón, eres consciente de que no nos dejas otra salida?". Dani ni lo miró, continuó en lo suyo.

De vuelta a casa todos comentamos lo ocurrido y coincidimos en que nos aliviaba que nunca pudiese salir de allí, que no nos atormentase con su rara tristeza.

La mamá de Dani recuperó su alegría común y la comunidad estaba satisfecha con niños que lloran cuando se caen o son castigados. Siempre con pertinencia.

Éramos felices.

Pero tan sólo cuatro meses después, el señor Bedoya reveló una noticia turbadora: Dani reía en su cisterna y su risa era a veces dulce, enternecida; otras, carcajadas desencajadas. No era un rumor, ahora reía con frecuencia y la comunidad entera acudió de inmediato.

Mis padres y yo tomamos el autobús como la mayoría. Descendimos en un camino de tierra y corrimos hasta la hacienda. Somos cientos, intrigados y nerviosos, agrupados alrededor de la cisterna sin saber qué hacer.

Vamos callando los pasos y el ansia hasta que distinguimos la risa de Dani adentro . . . Entonces callamos más hasta que la brisa se vuelve la multitud . . .

Oímos que su risa es una celebración de su voz, un enjambre danzante de hadas luminosas, el sueño imposible de nuestro pulso cardíaco.

Se detiene un momento y luego retorna desde el comienzo, alimentada por la incertidumbre de las cosas verdaderas. Y en todos, una alegría ajena interrogando el corazón.

Cecilia se desprende de su madre, acercándose a la cisterna no podemos reaccionar. "De qué se ríe Dani?" Su voz es niña pero en ese momento es el canto de un grillo en la eternidad de las piedras. "Sí, por qué?!", y comenzamos a murmurar y especular asustados. "Si está encerrado".

Algunos dicen que hay alguien más allí dentro, o que un espíritu lo acompaña, haciéndole cosquillas con la memoria material de su espectro.

El cielo va bronceando su piel con los primeros rayos de la luna. Muchos tocamos el extraño lugar, le preguntamos a Dani qué lo hace feliz y sólo recibimos la pregunta. Cada vez ríe más fuerte.

Lo único claro es que Dani tiene la felicidad encerrada en aquella caja.

Su madre lo reclama dolida. Ruega por la sonrisa entre sus brazos. "Déjenlo salir". Todos estamos de acuerdo. Varios hombres van a la ciudad y regresan con diversas herramientas. Prueban una palanca, otro hombre se abre paso y enciende un taladro eléctrico, presionando hasta que sus ojos enrojecen; el señor Carmelo asesta hachazos que rebotan con un sonido espantoso de campanas que explotan. Los más pequeños se han dormido en el regazo del prado. Dani cada vez ríe más

farewell: "Crybaby, you get that you leave us no choice?" Dani didn't even look at him, he just kept doing his own thing.

Back home we all discussed what happened and we agreed that we were relieved he could never get out of there, couldn't torment us with his strange sadness.

Dani's mother regained her ordinary happiness and the community was good with children who cry when they fall or when they're punished. Always appropriate.

We were happy.

But just four months later, Mr. Bedoya revealed disturbing news: Dani was laughing in his cistern and his laugh was at times sweet, tender; others, it was disjointed. It wasn't a rumor, now he laughed all the time so the whole community immediately showed up.

My parents and I took the bus like most. We got off on a dirt road and ran to the property. We're hundreds strong, intrigued, and nervous, crowded around the cistern not knowing what to do.

We keep quieting our steps and our desire until we make out Dani's laugh inside . . . Then we get quieter still until the breeze becomes the crowd . . .

We hear how his laugh is a celebration of his voice, a dancing swarm of luminous fairies, the impossible dream of our heartbeat.

It stops for a moment and then returns from the beginning, fed by the uncertainty of true things. And in all of us, an alien joy interrogating the heart.

Cecilia breaks away from her mother, approaching the tank and we can't react. "What is Dani laughing at?" It is the voice of a girl but at that moment it is the chirping of a cricket in the eternity of stone. "Yes, why?!," and we began to murmur and speculate in fear. "If he's locked up."

Some say someone else is in there, or that a spirit accompanies him, tickling him with the material traces of its spectral memory.

The sky is getting tanned by the first rays of the moon. Many of us touch the strange place, we ask Dani what makes him happy and we just get the same question back. Every time he laughs louder.

The only sure thing is that Dani has happiness locked up in that box.

His mother clamors for him. Prays for the smile between his arms. "Let him out." We all agree. A few men go back to the city and return with a bunch of tools. They try a lever, another man pushes past and starts with an electric drill, bearing down until his eyes are red; Mr. Carmelo strikes with an ax that bounces with the awful sound of bells bursting. The little ones have fallen asleep on the lap of

fuerte. Un hombre de hombros dispares se aproxima a la cisterna y con un revólver dispara cuatro veces. Los niños se despiertan pero la cisterna se mantiene incólume. El comité se rompe la cabeza descifrando cómo Dani podría salir.

De pronto una lluvia torrencial se desploma sobre los campos. Nos mojamos y yo estoy con polo de manga corta. Las señoras cubren las cabezas de los niños. Huimos pero hemos prometido volver mañana.

the meadow. Dani laughs harder and harder. A man with uneven shoulders approaches the cistern and shoots his revolver four times. The children wake up but the cistern remains unscathed. The committee racks their brains to come up with a way Dani could get out.

Suddenly a torrential rain falls on the fields. We get wet and I'm wearing a short-sleeved shirt. Ladies cover the children's heads. We run away, but promise to come back tomorrow.

Una anciana cree que no soy yo, me invita un tecito, y no es que yo tenga fijación alguna con la propiedad privada, es que de aquí se ve el mar y yo no podría costear tan onerosos predios, la inmensidad no me pertenece solamente porque no.

An old woman thinks I'm not me, invites me to have a little tea, and it's not like I have any kind of fixation on private property, it's that from here you can see the sea and I couldn't afford such an expensive view, immensity doesn't belong to me because it just doesn't.

No logro zambullirme profundo
Me pierdo siempre en la superficie
Puedo hacer el muerto mar adentro
Donde el sol se baña
Y el oleaje se pone más glitter más de gala
Con dientes de oro y lentejuelas
Tumba soñada de objetos terrestres
Tumba profanada de la mañana

I can't dive deep
I always get lost somewhere along the surface
I can play dead out at sea
Where the sun bathes
And the waves get more glitter, more glam
With their gold teeth and sequins
Tomb dreamt by terrestrial objects
Tomb desecrated by morning

Una estrella cayó al suelo y rebotó en la sombra del sol
Evoco esta escena cuando me asaltan temores irracionales
Y mi cabeza es un carrusel de nuevo
"Quiero cogerme a las flores como las abejas"
Es el pensamiento de tus hermanos, sobrinos, y sobrinos nietos

A star fell to the ground and bounced in the shadow of the sun
I think of this scene when I'm taken by irrational fears
And my head is a carousel again
"I want to fuck flowers like bees do"
Is the condolence offered by your brothers, nephews, and great-nephews

Cuando tocan la puerta de mi casa se activa un motor
De pronto todo parece funcionar
Me pongo en movimiento, las luces cambian, el polvo se asienta
Hay equilibrio en los sonidos
Una combinación de colores
Y dos presentaciones disponibles:
Estoy en el suelo
O no estoy en el suelo

When they knock on my front door an engine switches on
Suddenly everything seems to work
I get moving, the lights change, the dust settles
Sounds find a balance
A coalescence of colors
And two displays become available:
I'm on the ground
Or I'm not on the ground

Silbas sílabas largas
Que trinan en los árboles
Y limitan con todo

Dios no puede dormir
La realidad desea
Con toda su luz
Dios no puede dormir con la luz apagada
Tiene miedo de mí

Más yo no estoy
Aquí
Me encuentro ausente

No soy esa luz de mis ojos

You whistle strung-out syllables
That chirp in the trees
And border on everything

God can't sleep
Reality wishes
With all its light
God can't sleep with the lights off
Because they fear me

Moreover I'm not
Here
It seems that I'm absent

I'm not that light in my eyes

Accidente de nacimiento

Ruinas de poemas
Nada parecido a palabras
Tampoco a ideas
Escombros de sensaciones de estar a salvo
Huir por no saber comportarse ante la muerte
No huir para aprender a comportarse
Emigrar a otra guerra
Una más familiar
Excavar hasta encontrar
Ruinas de poemas
Donde todo se parece a las ideas
Todo se parece a las palabras
Hay miembros desperdigados
Parientes lejanos
Cadáveres de significados
Ninguno en pie
Todo se mezcla
Nos habla de un pasado glorioso
Ingeniería prodigiosa
Algo tan maravilloso que tuvo que ser destruido

Accident of birth

Ruins of poems
Nothing like words
Not ideas either
The debris from feeling saved
To run away not knowing how to act before death
To not run so you learn how to act
To emigrate to the next war
A more familiar one
Dig until you find
The ruins of poems
Where everything looks like ideas
Everything looks like words
There are strewn limbs
Distant relatives
Corpses of meaning
None left standing
It all gets mixed up
Telling us of a glorious past
Prodigious engineering
So wondrous it had to be destroyed

Creo que disparar un arma dejaría algo conmovido dentro de mí. Disparar al aire sería un crimen contra todo. El aire, un elemento tan preciado, tan precioso. Me parece hermoso el aire. Y dispararle a una persona ni se discuta. Los ojos cerrándose para siempre o abiertos de par en par. Todas las canciones que ponen son para bailar. Pienso que creer en la sangre dejaría algo conmovido dentro de mí. Huir por las alcantarillas también, y descargar cajas de cartón en un servicio de mudanzas. Bailar ni se discuta. No me refiero a las flores. No me interesa ese tipo de morbo. La fotosíntesis. Reflexión interna total de una materia inorgánica.

I think firing a gun would stir something inside of me. Shooting into the air would be a crime against everything. The air, an element so prized, so precious. The air is beautiful to me. And shooting a person is out of the question. Eyes closing forever or wide open. All the songs they play are meant for dancing. I think believing in blood would stir something up in me. Fleeing through the sewers too, and unloading cardboard boxes for a moving service. Dancing is out of the question. I don't mean the flowers. I'm not interested in that kind of morbidity. Photosynthesis. Totally internalized reflection of inorganic matter.

Daddy Yankee escribió:
"El chico sabe que esto es lo que hace
el tiempo que separa los niños de los hombres.
El chico sabe que esto es lo que hace
el tiempo que separa con calma los colores."
Cuando Jenny decía "papi dame más duro" era sincero,
ridículamente complicado de entender para los conservadores y las fundamentalistas
quienes cuestionaban airadxs este tipo de amor
tan consensuado y romántico como el más inapetente y reprimido.
"Yo no soy distintx a ustedes
y hoy en día soy cantante porque ustedes quieren"
rebatió Don Omar el bandolero,
porque ya lo había dicho Arcángel la maravilla: no hay cultura menor.

Daddy Yankee wrote:
"The boy knows this is what it does
time separates boys from men.
The boy knows this is what it does
time cleaves the colors real calm."
When Jenny would say, "papi, give it to me harder," it was for real,
so difficult to understand for conservatives and fundamentalists
who furiously debated whether such a love
could be as consensual and romantic as the coldest and most repressed.
"I'm not so different from you
and these days I'm the singer you want me to be,"
countered Don Omar the bandolero,
because Arcángel the maravilla had already said it: there is no minor culture.

Buitreo

mírame devolver
todo lo que has
podido darme

Vulture

watch me return
everything you could
have given me

Animal definitivo

Oculta tu guante perro lobo
El pueblo te alcanza y las noches son heavys
Susurra distancia en un viento al oído
Encarna sustancia de dios en colmillos
Sal
Deforma la cola del banco
Reeduca a la institutriz
Diseña el castillo lobo perro
No empines el codo
Cierra el hocico estirando la pata
Trasciende la búsqueda anal y salva el día
Concluye el desorden gitano
Compuesto de planos con bobos
Decora el castillo
Aspirando al eco

Perro
　Perro
　　Perro
Tú eres Perro
Lobo　Lobo
Nacionalízate Lobo
Recuerda tu origen y escupe la fruta
Escribe tu risa en la piel de la oveja
Roba, caza, aniquila
Copula con perras
Copula con lobas
Mata Mata
Ponte en cuatro
Este es tu himno perro lobo
De canto obligado en liceos salvajes
En tardes peludas que a tientas entrañas
Lobo, Perro
Diablo Pobre
Animal definitivo

Definitive animal

Take off your glove dog wolf
The civilized are at your heels and the nights are heavy
Whisper a distance on the wind in their ear
In your fangs let a godly gleam inhere
Go
Scatter the queue at the bank
Re-educate the governess
Design the castle wolfdog
Don't turn the other cheek
Shut your snout as you bite the dust
Stop questing after your own tail and save the day
End the nomadic chaos
Decorate the castle
Aspiring to the echo

Dog
 Dog
  Dog
A dog is what you are
Wolf   Wolf
Nationalize yourself Wolf
Recall roots and spit fruit
Inscribe your laugh into the flesh of sheep
Thieve, hunt, annihilate
Fuck bitchx
Fuck wolvx
Kill kill
On all fours
This is your anthem dog wolf
Mandatory in the wildest lyceums
In furred hours you think of entrails
Wolf, Dog
Poor Devil
Definitive animal

La hormona de la oscuridad

Un club nocturno no hace un verano
Mas creo en el perreo
Eterno recreo
En la agitación de la masa crítica
Inclinándose ante sí misma
¿Quién no ha soñado con la razón?
Qué bueno
Qué buenos libros tienes
Nunca olvides
Que las páginas porno son inseguras
Activan recuerdos de otras vidas
Y luego no puedes cerrarlas
Nunca nos olvides
Transmitimos el virus del lenguaje internacional del amor
Dioses paganos
Nos dieron la vida pero queremos más
Tengo tres cromosomas X pero quiero +
+ + +
Quiero ser la hormona de la oscuridad
Quiero ver
Quién puede abrir más la boca
Quién tiene la lengua más larga
Más policías desarmados y vueltos a armar
Quién puso un orificio donde había una ley
Un pito donde había un silbato
Histérico deteniendo el tráfico
Los semáforos se ponen rojísimos
Las ventanas a la calle no están funcionando
Nuestros cuerpos
Tienen goteras y bailamos
En una posición etéreopatriarcal es decir
Apenas metafísicamente presentes y las nubes
Muy ocupadas llueven y cómo se vienen
Sobre las alcantarillas con el mohín crítico de bebé en cítricos
Asesinos de turno de todo el mundo

The hormone of darkness

A nightclub doesn't make a summer
I believe more in perreo
Play everlasting
In the agitation of a critical mass
So it bows before itself
Who hasn't dreamed of reason?
What good
What good books you've got
Don't ever forget
Porn sites aren't secured
They trigger flashbacks of other lives
You can't shut down
Don't ever forget us
We transmit the viral international language of love
Pagan gods
Gave us life but we'll take more
I have three X chromosomes, but I want +
+++
I want to be the hormone of darkness
I want to see
Who can open their mouth the most
Who has the longest tongue
The most cops disarmed and then armed again
Who put a hole where there was once a law
A prick where there was a whistle
Hysterically holding up traffic
The stoplights get even redder
The windows to the street don't open
Our bodies
Leak and we dance
In an ethereopatriarchal position, which is to say
Barely metaphysically present and the very busy clouds
Rain, and oh how they come
Over the sewers with a chiding grimace of a baby on citrus
Assassins on shift around the world

Nos perdonaron la vida pero queremos más
Tengo tres deseos pero quiero +
Todo el genio
Todo el deseo
Quiero ser la hormona de tu crecimiento
Salvar a los compañeros
Vamos a la cama a recuperar sueños
Nunca olvides
Que somos relleno del mismo dios de peluche
Que abrazan lxs niñxs cuando tienen miedo
Por suerte hay todo tipo de gente
Amigos imaginarios y amigos de verdad
Gente que cree en unx y por eso somos posibles
Nunca olvides
Que hay planetas en otras vidas

Spared our lives but we want more
I've got three wishes but I want +
All the genius
All the wanting
To be your growth hormone
Let's go to bed to get our dreams back
Get our friends safe
Never forget
We're the filling in the same god plushy
That children hug when they're scared
Luckily there are all kinds of folx
Imaginary friends and actual friends
Who believe in you and that's why we're possible
Never forget
There are planets on other lives

El recién nacido observa por primera vez el rostro de su madre
Como un astronauta contempla la tierra desde el espacio
Se reconoce en esa topografía cambiante
La gravedad lo posee
Libera el cordón y se pierde en lo inmenso
Ahora pierdo la conciencia para nacer de nuevo pierdo
La memoria para aprender mi nombre
Esta percepción de no-fragmentación
Ya mi corazón está en otro lado
Hemos brotado del huevo
De un ave del paraíso
Ahora la belleza se reproduce conmigo

The newborn sees its mother's face for the first time
The way an astronaut regards earth from space
Sees himself in that inconstant topography
Gravity holds him
He lets go the cord and gets lost in the vastness
Now I lose consciousness to be born again I lose
Memory so I can learn my name
This sense of wholeness
Already my heart is elsewhere
We've hatched from the egg
Of some bird of paradise
So now beauty can breed with me

No busco belleza
Cuando derramo cerveza
No nací ayer
Estaba muy ocupada
Estrangulándome
Con mis manos que se besaban
Y a lo lejos escuchaba una canción
Tus pasos de baile entrando en la habitación
Mi respiración expuesta en una urna dorada
Y luego no sé por qué tengo miedo
Cuando no estoy haciendo nada.

I'm not looking for allure
When I spill beer
I wasn't born yesterday
I was too busy
Strangling myself
With my hands reaching to kiss each other
And in the distance I heard a song
Your dance steps entering the room
My breath displayed in a golden urn
And then I wonder why I'm afraid
When I'm not doing anything.

Me gusta pensar que cuando las parejas enamoradas dicen que se amarán por siempre
Realmente su amor dura para siempre
Aun cuando se hayan separado
Se odien en algún momento
Se olviden eventualmente
Se extrañen un día
Quieran regresar y no puedan
Encontrar su amor porque está
Criogenizado en un compartimento especial que todos tenemos en nuestros
  corazones donde se conserva para siempre en perfectas condiciones pero fuera
  de nuestro alcance
Lo cual es mejor si pensamos
En todo lo que hemos destruido
Como especie

I like to think that when lovers say they'll love forever
That really their love does last forever
And even when they've separated
And they sometimes hate each other
And they eventually forget one another
And they one day miss each other
They'll want to go back but can't
Find their love because it's
Cryogenically frozen in a dedicated chamber of the heart forever held in ideal
    conditions just beyond us
Which is for the best if you think of all
We've destroyed
As a species

a Guillermo Chirinos Cúneo

Tan sólo dame colores
así me tienes
La cocinera llama desde el jardín
Corremos en orden mientras se enfría
se enfría
Tan sólo sigue dándome colores
te digo
Y si no escuchaste
así me tienes
Cayendo
sobre las sombras
azules verdes violetas
Cayendo
sobre mis párpados
¿Sabes lo que ha pasado?
Toda mi vida ha pasado
y entre tantos colores quisiera gritar
que sobrevivo por los ojos
pero no
Proclamo que el amor
está acostado sobre todos
como dientes de león
arrancados
sin morir
nos vemos

for Guillermo Chirinos Cúneo

Just give me colors
that's how you have me
The cook calls from the garden
We run back single file while it cools
it gets cold
Just keep giving me colors
I tell you
And if you didn't hear
that's how you got me
Falling down
over the shadows
blue green violet
Falling down
on my eyelids
Do you know what has happened?
My whole life has happened
and among so many colors I would like to shout
that I survive by my eyes
but no
I proclaim that love
is sprawled over everyone
like dandelions
ripped out
without dying
we see each other

Hagamos algo:
Si estás muerto parpadea 2 veces
Te prometo que la segunda vez será increíble

Let's try this:
If you're dead blink twice
I promise the second time will be incredible

3

Me hizo el amor aplastándome contra la pared hasta convertirme en un super poster de una chica desnuda con el que inmediatamente se masturbó. El amor duele pero el sexo no debería. Totalmente ausente. No debería. De pronto partí y los dejé a todos solos. ¿Debo pedir perdón? ¿Quién está con ustedes? Los nervios producto de la ingesta desmedida de sustancias rosas condicionaron mi experimentación. Dije lo que sentía realmente pero estaba tan ebria que ya no lo recuerdo. Nunca más lo recordé. Ya no lo sé, no sé lo que siento. Eso me deprimió por un tiempo, por un tiempo muerto, muerto de risa, eso me deprimió por un tiempo muerto de risa. Era un amor ausente. Recuerdo sin embargo que me besaste sin consideración alguna por mis vidas pasadas, ya que yo amaba a una joven desaparecida. Me quería de la misma forma y se transformaba. Quise ganarme su corazón y compré la lotería pensando que todo se puede comprar si en lugar de dinero tienes un boleto de ida. Me marché sintiendo que merecía el amor de los dioses y lo tenía, lo llevaba puesto en el verano de repuesto. Conté unos chistes que en realidad eran mi vida y alguien comentó que la existencia es una prenda de cuero que se pega al cuerpo y cuando bailas te hace transpirar, pero es cool y no pasa de moda. Porque alguien siempre hablará de la vida y confesará que la tiene, que la tiene, que la tiene. Que es suya porque es tuya porque es nuestra. Y no podemos dejarla, y no podremos dejarla. Profetizo y enfatizo y en medio de tus ojos soplo un ligero vaho que te quita la virginidad. Ya no eres un niño ni una niña, tampoco has muerto. Debes salir por algo de comer hasta que descubras que siempre estuvo dentro de ti y probarás tu esencia, no podrás parar y luego estarás indigesta. Realidad. ¿Qué me quieres decir con eso? ¿Ese es tu argumento? ¿Tú y cuántos más? ¿Tú? ¿Y? ¿Cuántos más? ¿Has oído cantar a un grillo al anochecer? ¿Tú y cuántos más? Es una ilusión tu infancia, tú apareciste cuando yo te conocí y ya. Tú apareciste cuando yo te conocí y ya eras grande, por eso me enamoré de ti, porque eras nuevo, recién salido del horno y olías a centeno, a centésimas de segundo, a milímetros de mi boca y me quemaste la lengua cuando te di el primer beso de tu carrera. Ahora un tatuaje temporal en el lóbulo frontal redirecciona mi pasión.

Desperté en una oscuridad nueva, distinguí un deseo fugaz y le pedí una estrella. Tantas tardes anduve conviviendo con las nubes. Comprobé que mentirme era romántico por temporadas, decía palabras dulces y luego cucharitas y luego un platito. Decía que si me amaras yo podría escribir tu nombre en el cielo para que brillara como el sol, pero no se ocultaría. Tu nombre nunca se ocultaría y sólo eso lo diferenciaría del sol.

He made love to me pushed up against the wall until I became a life-sized poster of a naked girl to which he immediately jerked off. Love hurts but sex shouldn't. Totally absent. It shouldn't. Then I walked out and left them all alone. Should I ask for forgiveness? Who is with you? Anxiety from ingesting an excess of pink substances shaped my experience. I said what I truly felt but I was so drunk I no longer remember it. I never remembered it again. I don't know now, I don't know what I feel. That depressed me for a while, for a dead while, dead-ass, that left me depressed for a while, deadass. It was an absent love. Still, I recall that you kissed me not caring about my past lives, especially that I loved a girl who disappeared. She liked me back but she was mercurial. I wanted to win her heart so I bought a lottery ticket thinking everything can be bought if instead of money you have a departure ticket. I left, feeling I deserved the love of gods and that I had it, I wore it all through the summer vacation. I told some jokes that were really my life and somebody said existence is a leather garment that clings to the body and when you dance it makes you sweat, but it's cool and doesn't go out of style. Because someone will always talk of life and confess that they have one, they have one, they have one. That it's theirs because it's yours because it's ours. And we can't leave it, we can't just leave it. I prophesize and I emphasize and in front of your eyes I breathe a slight mist that takes your virginity. You're no longer a boy or girl, and you aren't dead. You should go out to get a bite until you discover it was always inside you and you prove your essence, you won't be able to stop and then you'll get indigestion. Reality. What are you trying to say with that? That's your argument? Yours and how many others? You? How many others? Have you heard a cricket sing at dusk? You and how many others? Your childhood was a dream, you showed up when I met you and that was it. You appeared when I met you and you were grown, that's why I fell in love with you, because you were new, just out of the oven and you smelled of rye, at hundredths of a second, at millimeters of my mouth and you burned my tongue when I gave you the first kiss of your career. Now a temporary tattoo on the frontal lobe redirects my passion.

I woke in a new darkness, I made out a fugitive wish and asked it for a star. So many afternoons I spent hanging out with the clouds. I proved that lying to myself was romantic for a time, I said sweet things then a little spoon and then a little plate. I said if you loved me, I could write your name in the sky so it could shine with the sun, but it would never go down. Your name would never set and that would be the only way it'd be different from the sun.

El sol se estacionó en mi espacio
Contuve la respiración
para consumar la gran hazaña
de cruzar de un extremo al otro
la respiración
La avenida estaba libre
Un voluntario ciego me llevó a pensar
que las vitrinas me saludaban
y exhibían el caos más costoso
Traído de un futuro muy lejano
confeccionado de plumas y una multitud de hombres
La avenida estaba libre
y proseguí sola
Podía aguantar la respiración
un poco más
si pensaba en la gente que me apoyó
Aquellos que me eligieron
Mi frágil estructura
hecha para el amor
La luna dormía en mi auto
en una posición tan inadecuada
que me dolía el cuello y la espalda
al caminar
y mis pensamientos tiernos se alejaron como
           un globo que pierde el aire en un instante
Dije todo lo que dije
tal y como lo sentí
pero tan distinto
Ese tiempo fue una serpiente enmarañándose
                          sobre mi piel
Y ya no pude contenerme
El universo invadió cada rincón
creando nuevas colonias dentro de mí
Confronté a los astros
Aceleré hasta que mordieron el polvo estrellado
de mis ojos convertibles
Y conduje y conduje
sin dejar de respirar
hasta hace un rato que me detuve aquí

The sun parked in my space
I held my breath
to accomplish the great act
of breathing
from one end to the other
The avenue was clear
A blind Good Samaritan led me to believe
that the shop windows were saying hi
and displaying the fanciest chaos
Imported from a far distant future
made of feathers and of a multitude of men
The avenue was clear
and I kept going alone
I could hold my breath
a little longer
if I thought of the people who supported me
Those who chose
my fragile love-ready
shape for me
The moon had slept in my car
in such an awkward position
that my neck and back hurt
as I walked
and my tender thoughts drifted away like
            a balloon that suddenly deflates
I said everything I said
just as I felt it
but so different
That time was a snake twisting
                              over my skin
And I couldn't contain myself anymore
The universe invaded every corner
creating new colonies inside me
I confronted the astral bodies
I charged until they bit stardust
in my mercurial eyes
And still I drove and drove
without forgetting to breathe
until a second ago when I stopped here

Contar en orden alfabético

Cinco
Cuatro
Diez
Dos
Nueve
Ocho
Once
Seis
Siete
Tres
Uno

Counting in alphabetical order

Eight
Eleven
Five
Four
Nine
One
Seven
Six
Ten
Three
Two

Pronunciar algo que no termine en una sonrisa es extraño. El alma circula por el cuerpo, los doctores no pueden verla, los sensores no la detectan. Los niños son muy bellos. Hay gran alborozo en el solar del centro en el instante anterior a los incendios, la fatalidad que precede a un feriado largo. Bolas de helado. Los niños son bellos. Canastas de fruta llenas de verduras, la luz en el mercado, las tendencias homosexuales que me gustan de ti, esos desequilibrios emocionales que me obligan a creer. Moscas que atraen pollos muertos. Sombrillas que hieren. Descubro un acantilado cuando digo hola y chocolate blanco como la nieve. Sangre sangre sangre sangre. Princesa—princesa dulce. La pasta dental se desliza hacia el cepillo como un caracol, es tarde. Es tarde ya. El pijama está sobre la cama, todo el amor obsceno obscena palabra todo se vuelve perfecto. Cada vez más bellos los niños. Poemas de amor, espejos retrovisores robados de los lujosos autos de los dioses y vendidos como pasado en el mercado negro. Un suspiro, ese pequeño fantasma que escapa de mí.

To voice something that doesn't end in a smile is odd. The spirit circles the body, doctors can't see it, sensors can't detect it. The children are very beautiful. Such outsized joy in the central solarium an instant before the fires, the fatality that comes right before a long weekend. Ice cream scoops. The children are beautiful. Fruit baskets full of vegetables, the light in the market, the homosexual tendencies I like about you, those manic feelings that force me to believe. Flies that attract dead chickens. Parasols that injure. I run right up to the cliff when I say hi and white chocolate like snow. Blood blood blood blood. Princess—sweet princess. The toothpaste squirms onto the brush like a snail, it's late. The pajamas thrown over the bed, all the obscene love obscene word all becoming perfect. Each time the children are even more beautiful. Love poems, rearview mirrors nicked from gods' fancy cars and sold on the black market as the past. A breath, that small ghost that slips out of me.

a Cassini

Cómo es posible que tengas 53 lunas Saturno
Te miro y no puedo creerlo
Como un sueño olvidado al despertar
Te comportas de hielo y roca
Yo también me hubiera desintegrado
Yo también hubiera muerto por ti
Para proteger tu misterio
Por comprender tu misterio
Acorazado por valles y cadenas montañosas
Siento que estoy envuelta en esas cadenas
Portadora de la rosa rubea
Confundida con la cola del pavo real
Aegir, Albiorix, Antea, Atlas, Bebhionn, Bergelmir, Bestla, Calipso, Dafne, Dione,
Egeón, Encélado, Epimeteo, Erriapo, Farbauti, Febe, Fenrir, Fornjot, Greip, Hati,
Helena, Hiperión, Hyrrokkin, Ijiraq, Jano, Jápeto, Jarnsaxa, Kari, Kiviuq, Loge,
Metone, Mimas, Mundilfari, Narvi, Paaliaq, Palene, Pan, Pandora, Pollux, Prometeo,
Rea, Siarnaq, Skadi, Skoll, Surtur, Suttungr, Tarqeq, Tarvos, Telesto, Tetis, Thrymr,
Titán e Ymir
Sospecho que tienes más lunas pero ocultas algunas
Yo hago lo mismo
Cada vez que me dedico a mis observaciones astronómicas
Siento que las amo a todas

for Cassini

How is it possible that you have 53 moons, Saturn
I look at you and can't believe it
Like a dream gone by morning
You behave like ice and rock
I too would've disintegrated
I too would've died for you
To protect your mystery
To understand your mystery
Shielded by valleys and mountain ranges
I feel like I'm wrapped in those chains
Bearer of the ruby rose
Mistaken for the peacock's tail
Aegeon, Aegir, Albiorix, Anthe, Atlas, Bebhionn, Bergelmir, Bestla, Calypso,
Daphnis, Dione, Enceladus, Epimetheus, Erriapus, Farbauti, Fenrir, Fornjot,
Greip, Hati, Helene, Hyperion, Hyrrokkin, Iapetus, Ijiraq, Janus, Jarnsaxa, Kari,
Kiviuq, Loge, Methone, Mimas, Mundilfari, Narvi, Paaliaq, Pallene, Pan, Pandora,
Phoebe, Polydeuces, Prometheus, Rhea, Siarnaq, Skathi, Skoll, Surtur, Suttungr,
Tarqeq, Tarvos, Telesto, Tethys, Thrymr, Titan and Ymir
I suspect you have more moons but you hide some
I do the same
Whenever I tend to my astronomical observations
I feel I love them all

Extraterrestre

Perdí mi corazón en un arroyo en la cima de una montaña nevada en algún planeta perdido
Siento que está
En el estómago de una ballena extraña
Muy distinta a las que conocemos
Por fotos y videos
Una ballena que habla y me llama
Dentro de la bóveda de su vientre
El tiempo pasa más rápido
Mi corazón envejece trotando como un caballo hermoso
Muy distinto a los que conocemos
A los que alguna vez montamos despacio
Por falta de experiencia o costumbre
Un caballo que solloza y alumbra
Con su respiración extraña
Un resoplar extraterrestre
En su recuerdo el tiempo pasa más lento
Subyugado por el traqueteo de las bengalas que estallan
Cuando los planetas pasan frente a nuestros ojos
Como si fueran nuestras vidas
Más rápidas y más lentas
Al son de la música de las esferas
Cuando estás triste porque perdiste tú corazón en el agua
Pero la gente te felicita
Porque descubriste agua en otro planeta

Alien

I lost my heart in a stream atop a snowy peak of some lost planet
I feel it might be
In the stomach of a strange whale
Very different from the ones we know
Through photos and videos
A whale that talks to me and calls to me
Inside the vault of her womb
Time goes faster
My heart ages trotting like a beautiful horse
Very different from the ones we know
Those we'd sometimes mount slow
Lacking practice or custom
A horse that sobs and shines
Through his strange breathing
An alien snort
In his memory time goes slower
Overwhelmed by the rattle of exploding flares
When the planets pass before our eyes
As if they were our lives
Faster and slower
To the rhythm of the music of the spheres
When you're sad because you lost your heart in the water
But people congratulate you
Because you found water on another planet

Como la pareja observando el agua en cuyo reflejo alguien arroja una pequeña piedra nos hemos expandido enloquecidos trastabillando nuestras formas entre ondas sincronizadas por el caos y nuestros torsos se han separado de nuestras piernas y se agitan como banderas como el muñeco inflable de la estación de gas felices de llenos de trepidantes colmados de agua satisfechos de viento y cualquier momento olvidado ha sido inventado de nuevo y así hemos estado parados de la mano y se siente suave como dices que es mi piel siempre muy suave.

Like the couple observing the water in whose reflection someone throws a small stone wild we've expanded casting our forms across waves synchronized by chaos and our torsos have separated from our legs and they wave like flags like the inflatable gas station dummy happy full of frenzy full of wind-satisfied water and any forgotten moment has been invented again and this is how we've been standing hand-in-hand and it feels soft as you say my skin is always very soft.

Uno sabe dónde debe estar
      como el mar
estás aquí
      y luego   allá
te acercas   te alejas
                  abrazas
     y sueltas
creces   como   el   mar
       que empezó
    como una persona
sola

We know where we should be
            like the sea
we're here
            and then   there
we get closer   we retreat
                                        embrace
            and let go
we   grow   like   the   sea
                      that opened
            as a singular
person

En resumen, no quería enamorarme porque ya me voy
y acabo de pasar por esa distancia física
que atraviesa el cuerpo por dentro
creando agujeros negros donde habitan recuerdos tan buenos
que trapean el suelo con el presente
Entonces todo era casual, las relaciones
mis reacciones, la moda casual, ropa ligera, sangre latina, Tinder, situacionismo,
      amor líquido, amigos con beneficios, tú nómbralo
Y de pronto solo pensando en ella y esperándola en Facebook
lista y tonta como una rosquilla madrileña
En qué me he metido?
Por qué la vida me pone en estas posiciones sexuales incómodas?
Por qué termino imprimiendo mis huellas digitales con su sangre en mi cama
La prueba de nada
más que ciclos, periodos, etapas, lapsus,
naturaleza humana
cosas que pasan
días marcados en calendarios con fluidos de esperanza.

In short, I didn't want to fall in love because I'm leaving
and I just finished something long-distance
that crossed through my body
leaving black holes where sweet memories live
mopping the floor with the present
Then everything was casual, relationships
my reactions, fast fashion, light clothing, Latin blood, Tinder, situationism,
        liquid love, friends with benefits, you name it
And suddenly thinking only of her and waiting for her on Facebook
quick and dumb as a Madrid donut
What have I gotten myself into?
Why does life put me in these awkward sexual positions?
Why do I end up marking my fingerprints with her blood in my bed
Proof of nothing
more than cycles, periods, stages, lapses,
human nature
things that happen
days marked on calendars with fluids of hope.

Como sombras de un tema musical

Subí todo el brillo para poder besarte
Fue como hacerme gigante
Como si un conejo me hubiera dado un consejo
Lo hubiera seguido
Y hubiera caído en un agujero profundo
Algún orificio tuyo
Desde donde contemplo tu interior
Decorado con excelente gusto
Cuando regreso a casa el brillo es nulo
Como sombras de un tema musical
O también podría decirse
Que es de noche
Que nunca salí del espejo
Que la imaginación preceda siempre al conocimiento

Like shadows of a musical theme

I turned up the brightness so I could kiss you
It was like going giant mode
Like a rabbit gave me advice
And I followed
And I would've fallen way down a deep hole
Some orifice of yours
Where I could study your insides
Decorated as they are with exquisite taste
Back home the brightness is nulled
Just shades of a musical theme
Or it could also be said
That it's night
That I never left the mirror
May imagination always precede knowledge

La poesía es la gran aguafiestas

La invitada sentada en la esquina callada

Observando a todos, la que no se halla, se aburre rápido, piensa que estaría mejor en casa

La que roba vasos de otras manos y siempre pide cigarros

La primera que baila y luego llora

La que roba besos a chicos y chicas, la que no logra articular palabras ni caminar derecho, la que pierde el sentido

A quien botan a patadas y regresa

Contenta, ya más animada

La última en irse, cuando la fiesta ya ha terminado

La primera en llegar cuando la fiesta ha terminado

La copa rota, el suelo mojado, el vómito en el sofá de cuero, la quemadura de cigarrillo en mantel y brazos, la aventura de una noche, la resaca, el chupetón, el arrepentimiento, el nuevo amor, la pastilla del día siguiente, tus tres hijos, el departamento comprado a plazos, la búsqueda del éxito, la deuda con el banco, el auto de segunda, la estabilidad, la confianza que dan los años, la crisis de los cuarenta, el fin del amor, la vejez tranquila, tu entierro.

La poesía es todas las fiestas.

Poetry is the supreme killjoy

The quiet guest sitting in the corner

Observing others, the one who can't get into it, who bores easily, thinks she'd
    rather be home

The one who'll take a drink right from your hand and always bums smokes

The first one to dance and then end up crying

The one who steals kisses from boys and girls, the one who slurs her words and
    can't walk straight, the one who's spun

Who gets kicked out and comes back

Happy, more excited now

The last to leave when the party's over

The first to arrive when the party's over

The broken cup, the puddled floor, the vomit on the leather sofa, the cigarette burn
on the tablecloth and on arms, the one-night stand, the hangover, the hickey, the
regret, the new love, the morning-after pill, your three kids, the mortgaged apart-
ment, the hustle, the bank debt, the used car, the stability, the confidence in grow-
ing older, the midlife crisis, the end of love, the chill old age, your burial.

Poetry is all the parties.

I love her and this song

This is her best song EVER!
Her voice is beautiful!
She needs to sing more songs like this omg
Wish this was longer
Exactly what was thinking!
Im obsessed and shes so sexy omg
It's sounds like she just song what was on her mind. That's why it's so beautiful
    and deep
This is the best song on the album
I love this girl. Just omg
I want this song inside me

(este poema es todo en inglés. se construye de comentarios de usuarios de youtube a un video de rihanna <3)

(this poem was created wholly in English. it's made out of youtube comments under a rihanna music video <3)

Hola gatita y su amiga Melodía

han ido al salón de belleza,
se ven tan hermosas—
ellas no se ven—
tienen elegancia, estilo, qué más pueden pedir.
me gusta verlas
retocándose—
ellas no se tocan—
reinventarse con maquillaje.

Hello Kitty and her friend Melody

went to the beauty parlor,
they look so beautiful—
they can't see themselves—
their elegance, style, what more could they ask for.
I like to look at them
doing touch-ups—
it's not themselves they touch—
but the makings of makeup.

Cuando no se cree en nada queda

Encontrar el futuro
en la parte del cielo
que no se nota.
Disección,
partir un corazón
para compartirlo.
Intersección,
la vida en tus propias partituras
es un soliloquio donde gana
quien levanta más la voz
hasta que las palabras se descomponen.
Levanta mi voz
en tus brazos

el eco
pierde gravedad.

When you don't believe in anything you're left to

Find the future
in the part of heaven
you can't see.
Dissection,
break a heart
to share it.
Intersection,
life in your own sheet music
is a soliloquy where the winner
yells loudest
until the words break down.
Raise my voice
in your arms

the echo
escapes gravity.

Felicidad

Yo supe mover mi colita desde siempre,
no es complicado.

Happiness

I've always known how to shake my tail,
it's not that serious.

Odio la fiebre que se posa en tu frente
Como un pájaro carpintero
Pero qué lindo encontrar tus manos en el desfiladero
Yo llego y beso todos tus labios
Y cómo circulamos por la vía
Y cómo nos descubrimos con la ropa de cama
Y cómo no puedo terminar de amarte
Porque eres la realidad que mejor percibo
La vibración que ilumina mis sentidos
Porque esto no es una historia con un principio y un final
Es tú y yo
Una galaxia en expansión formada por millones de besos
Una escultura natural del tiempo
La encarnación bisexual de lo eterno

I hate the fever that alights on your brow
Like a woodpecker but how nice
To find your hands in the abyss
I arrive and kiss all your lips
And how we stroll along the lane
And how we find ourselves among the bedding
And how I can't finish loving you
Because you're the reality I can actually perceive
The vibration that lights my senses
Because this is not a story with a beginning and an end
It's you and me
A galaxy expanding by millions of kisses
An organic sculpture of time
The bisexual body of the eternal

Renuncié a un gran momento de amor una vez más e inicié una secuencia sin sentido

Yo aprendí hermosas palabras de amor para decirte
pero luego me encontré con mucha gente
y de pronto sólo bailaba

I passed on another great moment of love and triggered a meaningless cycle

I learned beautiful words of love I could say to you
but then I ran into all these people
and suddenly I was just dancing

No tengo problemas para amar en absoluto
No me importa si alguien está viendo
Esa conciencia de sí
De si . . .
De no
De ti de mí
Solo fluyo
Como el flow
Como un baile presuntamente obsceno
Que asegura
La continuidad de la humanidad
Por detrás

I have no hang-ups at all when it comes to loving
I don't care if anyone's looking
That self-awareness
Of if . . .
Of not
Of you from me
I just flow
Like flow
Like a supposedly obscene dance
Ensuring
The continuity of mankind
From behind

((Cómo se sentirá la vida
No la personal e intransferible
Sino la que no es de nadie
La que es libre
La que vaga por el mundo
La que convence a los árboles
La que anima los bailes))

Si tu edad es la de ese rayo
Hay colores que no resultamos
Palabras que nunca comprendimos
Pero hay más de donde esto vino
Un bello tocador con un espejo del espíritu
Grupos ocultistas conectados por la ruta de la seda
Cazadores de miel alucinógena en los acantilados
Luciérnagas gigantes
Mi amada madre
Encarnación humana de la luz
Ahora aprecia este estigma que es mi sonrisa suave
Una mirada fija en mí me fija en mí
Ahora que vivo en una pequeña habitación
Más que la ausencia de una fuerza gravitatoria
Lo que experimento es una caída libre eterna

((How would life feel
Not the one that's personal and nontransferable
But the one that's nobody's
The one that's free
The one that wanders over the world
The one that convinces the trees
The one that quickens the dances))

If you're as old as that lightning
There are some colors we can't make
Words we never understand
But there's more where this came from
A gorgeous bureau with its spirit mirror
Occultist groups linked by the silk road
Hunters of hallucinogenic honey on the cliffs
Massive fireflies
My beloved mother
Light incarnate
Now behold the stigma of my soft smile
A steady looking at me steadies me
Now that I live in a small room
More than the absence of gravitational force
What I feel is free fall forever

Un poema largo

Odio la violencia
Así sea hermosa y moderna
Le temo a la ciencia
Cuando hace realidad mis peores sueños
Observo mi cuerpo mutante
Atractivo al instante
Perecible y perenne
Pero vuelvo al momento
En que me digo al espejo
Con el acento neutro
De ninguna parte
Que solo el futuro
Perdura
Ahora
En estos tiempos
Cuando apago el despertador
Y lo oigo
Eso es todo lo que odio
También es poco a lo que temo
No podría ser un poema largo
Nada podría serlo

A long poem

I hate violence
Even if it's beautiful and modern
I fear science
When it makes my worst dreams come true
I recognize my mutant body
As immediately attractive
Perishable and perennial
But I go back to the moment
In which I say to the mirror
With a flat accent
From nowhere
That only the future
Endures
Now
In these times
When I turn off the alarm clock
And I still hear it
That's all that I hate
But there's little that I fear
It couldn't be a long poem
Nothing could be

Reflexión final

Es increíble lo que la lluvia puede hacer por una pared manchada
Lo ha dicho un ángel del área de limpieza
A las amas de casa
A ellas que cada mañana
Recogen los restos de dios
Del sueño del hombre que trabaja
Sus consejos útiles dejan huellas imborrables
Claros de cielo sobre la tierra inmunda
Iluminada camino a su cueva
Me abraza muy fuerte para ser humano
Sus largos dedos
En señal de victoria sostienen el cielo
Yo camino sobre el aire que respiro
Expiro
Y amanece en alguna parte
Todo respira
Y es imposible estar muerto
Imposible dios
Con pocas palabras me creaste
Y yo hago todo esto
Yo creo todo esto
Y cuando siento que le doy la espalda a la verdad
Me volteo
Y sé que te gusta mi amor

Final reflection

It's amazing what rain can do to a stained wall
An angel from the custodial team said this
To the housewives
Who every morning
Pick up the remains of god
From the dream of the working man
His how-tos leave indelible marks
Over the filthy land, openings in heaven
Illuminated, I walk to his cave
He hugs me too tight to be human
His long fingers
In a victory sign hold the sky up
I walk over the air that I breathe
I expire
And somewhere it is dawning
Everything breathes
And it's impossible to be dead
Impossible god
With few words you created me
And I do all this
I create all this
And when I feel I've turned my back on the truth
I turn around
And I know it's my love that you love

Como todo da vueltas
puedo hablar siempre de mí
y sabes que estaré hablando de ti
Siempre
todos somos el centro del mundo
Créeme
donde comienzas tú
termino yo

Since everything turns
I can always talk about myself
and you'll know I'll be speaking of you
Always
we are all the center of the world
Believe me
this is where you start
and where I end

Acknowledgments

Poems published in this book have appeared in the following collections and publications.

mi niña veneno en el jardín de las baladas del recuerdo (Álbum del universo bakterial, 2004): "me gustaría averiguar," "La muerte es una niña," "Estoy haciendo amistad con un hoyo negro," "Sortear," "Para saber qué se siente (eucaristía)," "Los niños nacen llorando," "Una anciana cree que no soy yo," "Buitreo," "Hola gatita y su amiga Melodía," and "Cuando no se cree en nada queda."

Indivisible (Álbum del universo bakterial, 2007): "Millones de ladrillos (compañía constructora)," "Recuerdas que prometieron," "Tan sólo dame colores," "Hagamos algo," "Me hizo el amor," "El sol se estacionó," and "Como todo da vueltas."

Antimateria: gran acelerador de poemas (Pesopluma, 2015): "La lectura veloz," "Vi una manada de sapos," "Cuando oí por primera vez," "Cuando vuelas no puedes detenerte a pensar," "Cada día es un cerdo," "La historia de un poema," "Cuando tocan la puerta," "Silbas sílabas largas," "Creo que disparar," "Animal definitivo," "Pronunciar algo que no termine," "Felicidad," "Renuncié a un gran momento de amor una vez más e inicié una secuencia sin sentido," "Un poema largo," and "Reflexión final."

La vida ya superó a la escritura (Juan Malasuerte, 2018): "¿Cuando la piedra sonríe su tristeza es real?," "Alegría de vivir," "El plan de sábado por la noche de una niña scout," "El nuevo cielo," "Caribe," "Esta vez pusieron la valla muy alta," "No logro zambullirme profundo," "Una estrella cayó," "Accidente de nacimiento," "Daddy Yankee escribió," "La hormona de la oscuridad," "El recién nacido observa," "No busco belleza," "Me gusta pensar que cuando las parejas," "Contar en orden alfabético," "Cómo es posible," "Extraterrestre," "Como la pareja observando el agua," "Uno sabe dónde debe estar," "En resumen, no quería enamorarme," "Como sombras de un tema musical," "La poesía es la gran aguafiestas," "I love her and this

song," "Odio la fiebre que se posa," "No tengo problemas," and "(((Cómo se sentirá la vida . . .)))."

Poetry: "Daddy Yankee wrote," "Like shadows of a musical theme," and "Poetry is the supreme killjoy."

Guernica: "Final reflection."

A mis padres, mi primera gran suerte.
A mis hermanas, compañeras en la curiosidad infinita.
A Farid y Carmen, por el cuidado y confianza que han puesto en este libro.
A Kit Schluter y Paco Fenton, cómplices en la poesía y las aventuras.

To my parents, my first great luck.
To my sisters, partners in infinite curiosity.
To Farid and Carmen, for the care and trust they have placed in this book.
To Kit Schluter and Paco Fenton, accomplices in poetry and adventures.

—Tilsa Otta

I'm grateful first to Tilsa for trusting the galactic and intimate span of her poems to our collaboration. Thank you to Carmen Giménez for believing in this project, to Carmen again and to Caelan Nardone for their editorial support, and to Anthony Cody, Brandon Shimoda, and Susan Briante for their encouragement. Thank you to Honora Spicer and Giancarlo Huapaya for the spark.

Agradezco primero a Tilsa por confiar la amplitud galáctica e íntima de sus versos a nuestra colaboración. Gracias a Carmen Giménez por creer en este proyecto, a Carmen nuevamente y a Caelan Nardone por su apoyo editorial, y a Anthony Cody, Brandon Shimoda, y Susan Briante por animarme. Gracias a Honora Spicer y Giancarlo Huapaya por la chispa.

—Farid Matuk

© Victor Idrogo

Tilsa Otta has published five collections of poetry, a collection of short stories, and the queer novel *Lxs niñxs de oro de la alquimia sexual*. A multimedia artist, Otta works across video, illustration, and text. She lives in Mexico and Peru.

Farid Matuk has authored several poetry collections, and their translations have appeared in *Bombay Gin*, *Guernica*, *Kadar Koli*, *Mandorla*, *Poetry*, and *Translation Review*. They have received fellowships from the Headlands Center for the Arts and United States Artists.

Graywolf Press publishes risk-taking, visionary writers who transform culture through literature. As a nonprofit organization, Graywolf relies on the generous support of its donors to bring books like this one into the world.

This publication is made possible, in part, by the voters of Minnesota through a Minnesota State Arts Board Operating Support grant, thanks to a legislative appropriation from the arts and cultural heritage fund. Significant support has also been provided by other generous contributions from foundations, corporations, and individuals. To these supporters we offer our heartfelt thanks.

To learn more about Graywolf's books and authors
or make a tax-deductible donation, please visit www.graywolfpress.org.

The text of *The Hormone of Darkness* is set in Arno Pro.
Book design by Rachel Holscher.
Composition by Bookmobile Design & Digital
Publisher Services, Minneapolis, Minnesota.
Manufactured by Sheridan on acid-free,
30 percent postconsumer wastepaper.